Un livre de la collection
Les racines de Crabtree

LES VÉTÉRINAIRES

DOUGLAS BENDER

Les gens que je rencontre

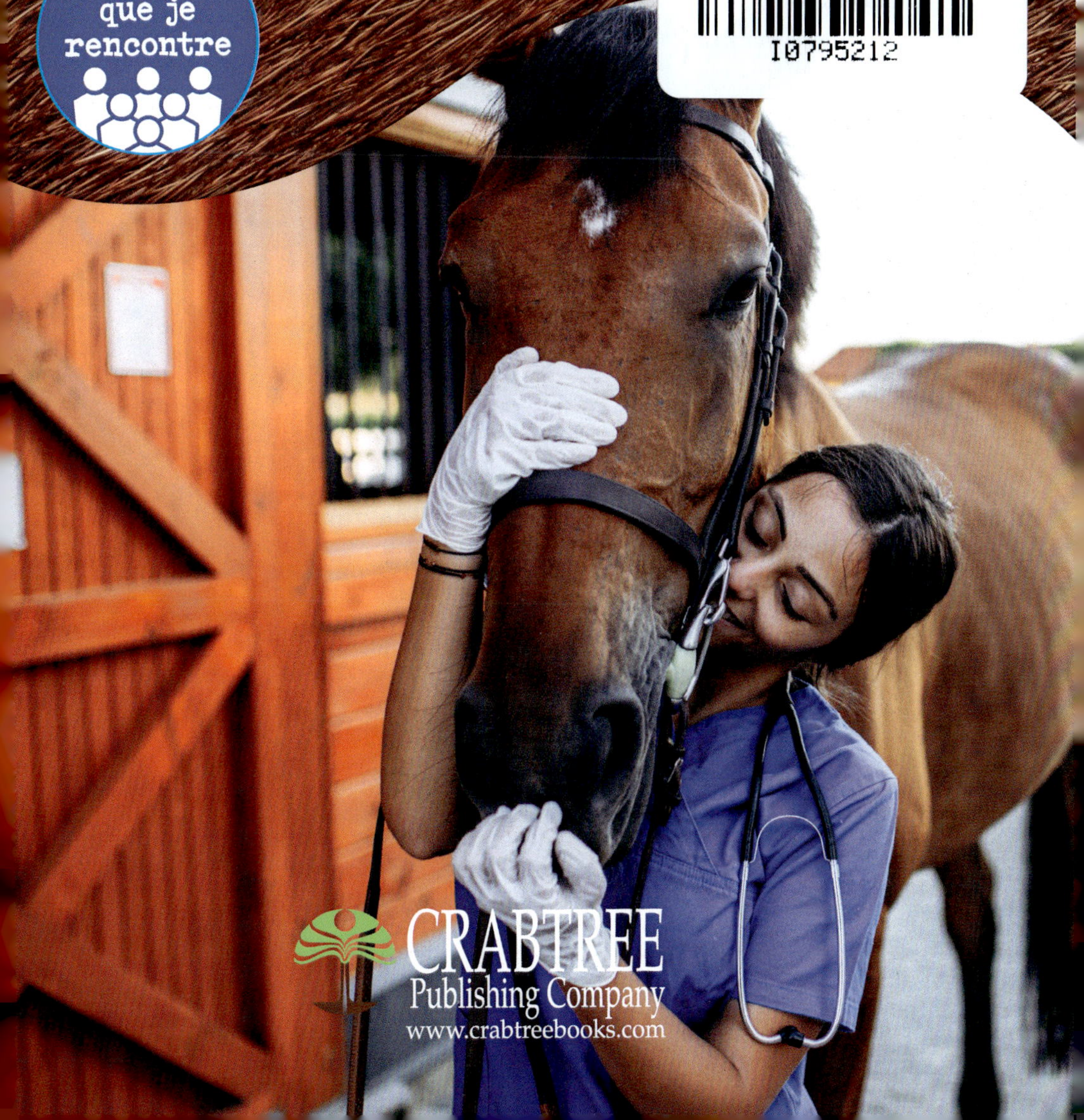

CRABTREE
Publishing Company
www.crabtreebooks.com

Soutien de l'école à la maison pour les parents, les gardiens et les enseignants

Ce livre aide les enfants à se développer grâce à la pratique de la lecture. Voici quelques exemples de questions pour aider le lecteur ou la lectrice à développer ses capacités de compréhension. Les suggestions de réponses sont indiquées en rouge.

Avant la lecture

- De quoi ce livre parle-t-il?
    - *Ce livre parle des vétérinaires.*
    - *Ce livre parle de ce que fait un vétérinaire au travail.*

- Qu'est-ce que je veux apprendre sur ce sujet?
    - *Je veux savoir où travaille un vétérinaire.*
    - *Je veux savoir ce que fait un vétérinaire.*

Pendant la lecture

- Je me demande pourquoi...
    - *Je me demande pourquoi certaines personnes deviennent des vétérinaires.*
    - *Je me demande pourquoi les vétérinaires donnent des vaccins aux animaux.*

- Qu'est-ce que j'ai appris jusqu'à présent?
    - *J'ai appris que les vétérinaires aident les petits animaux.*
    - *J'ai appris que les vétérinaires donnent des médicaments aux animaux.*

Après la lecture

- Nomme quelques détails que tu as retenus.
    - *J'ai appris que les vétérinaires ne savent pas tous comment aider tous les animaux.*
    - *J'ai appris que les animaux ont besoin de vaccins pour être en santé.*

- Lis le livre à nouveau et cherche les mots de vocabulaire.
    - *Je vois le mot **médicament** à la page 8 et le mot **vaccin** à la page 10. Les autres mots de vocabulaire se trouvent à la page 14.*

Voici un **vétérinaire**.

Certains vétérinaires aident les gros **animaux**.

Certains vétérinaires aident les petits animaux.

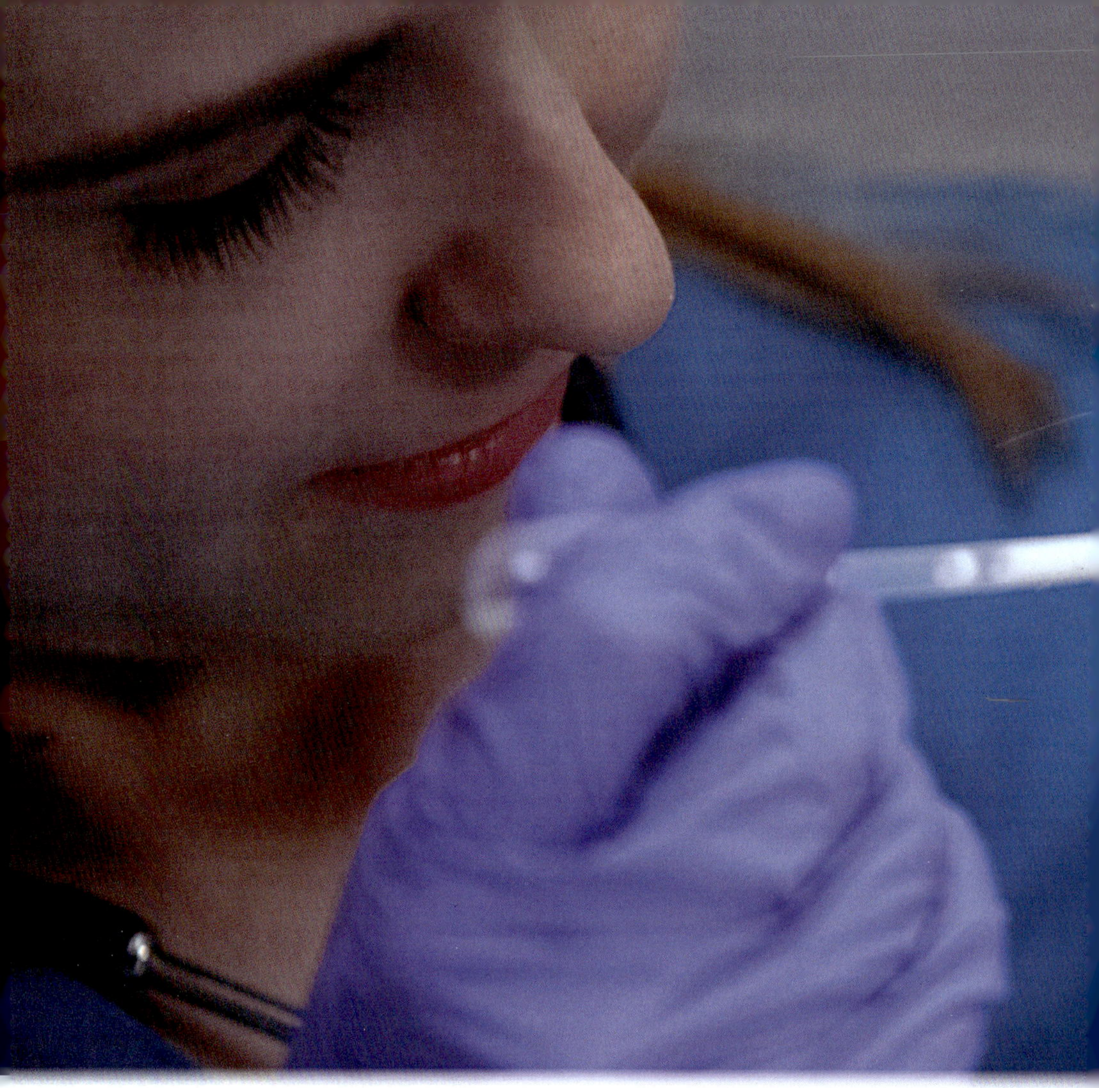

La vétérinaire donne un **médicament** à l'animal

Le vétérinaire donne un **vaccin** à l'animal.

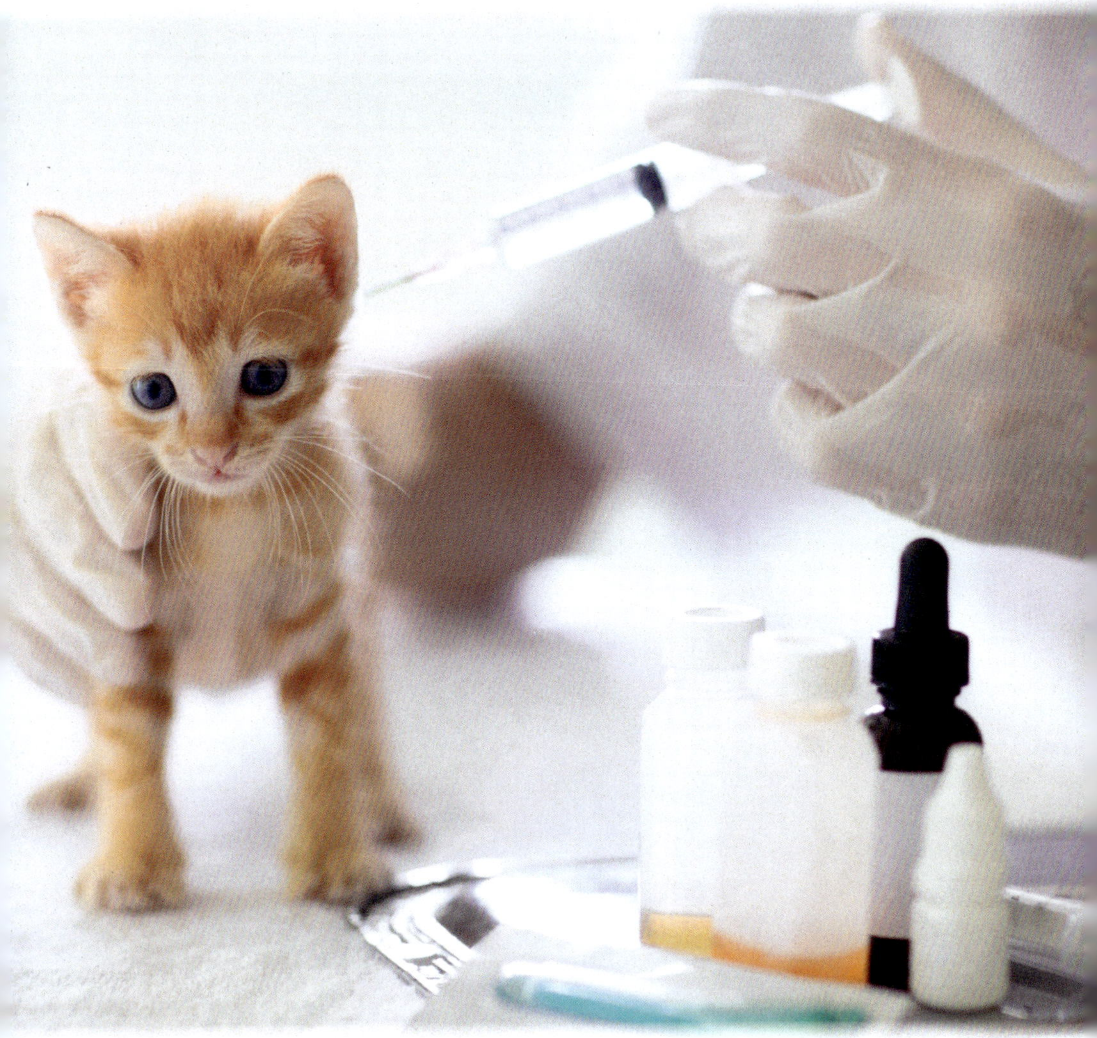

Connais-tu un vétérinaire ou une vétérinaire?

Liste de mots

Mots courants

certains
un
tu
une

La boîte à mots

animaux

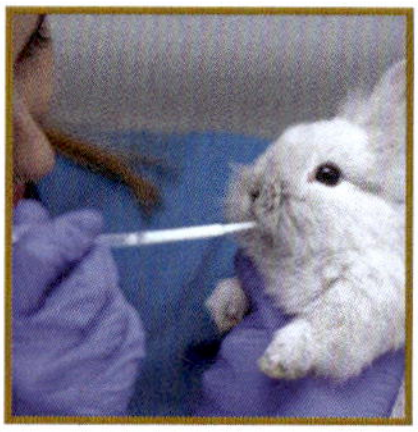

médicament

vaccin

vétérinaire

35 mots

Voici un **vétérinaire**.

Certains vétérinaires aident les gros **animaux**.

Certains vétérinaires aident les petits animaux.

La vétérinaire donne un **médicament** à l'animal.

Le vétérinaire donne un **vaccin** à l'animal.

Connais-tu un vétérinaire ou une vétérinaire?

CRABTREE Publishing Company

Auteur : Douglas Bender
Conception : Rhea Wallace
Développement de la série : James Earley
Correctrice : Janine Deschenes
Conseils pédagogiques : Marie Lemke M.Ed.
Traduction : Annie Evearts
Coordinatrice à l'impression : Katherine Berti
Références photographiques :
Shutterstock : The_Molostock : couverture; hedgehog94 : p. 1; santypan : p. 3, 13, 14; BBSTUDIOPHOTO : p. 4-5, 14; JuiceFair : p. 6; Motortian Films : p. 8-9; FamVeld : p. 11

Les gens que je rencontre

LES VÉTÉRINAIRES

La forme masculine est utlilisée dans cet ouvrage uniquement dans le but d'en alléger la forme et d'en faciliter la lecture.

Crabtree Publishing Company
www.crabtreebooks.com 1-800-387-7650

Publié aux États-Unis
Crabtree Publishing
347 Fifth Avenue
Suite 1402-145
New York, NY, 10016

Publié au Canada
Crabtree Publishing
616 Welland Ave.
St. Catharines, Ontario
L2M 5V6

Imprimé au Canada/102021/CPC

Catalogage avant publication de Bibliothèque et Archives Canada

Titre: Les vétérinaires / Douglas Bender ; texte français d'Annie Evearts.
Autres titres: Vet. Français.
Noms: Bender, Douglas, auteur.
Description: Mention de collection: Les gens que je rencontre | Les racines de Crabtree | Traduction de : Vet. | Comprend un index.
Identifiants: Canadiana (livre imprimé) 20210272104 | Canadiana (livre numérique) 20210272139 | ISBN 9781039606470 (couverture souple) | ISBN 9781039606531 (HTML) | ISBN 9781039606593 (EPUB) | ISBN 9781039606654 (livre numérique avec narration)
Vedettes-matière: RVM: Vétérinaires—Ouvrages pour la jeunesse. | RVMGF: Documents pour la jeunesse.
Classification: LCC SF756 .B4614 2022 | CDD j636.089/069—dc23